LES SALLUVIENS

PISAVIS — LA TOULOUBRE

LE PLAN DU TERRITOIRE DE SALON

LE RÈGLEMENT

D'ADMINISTRATION PUBLIQUE

DU 10 MARS 1856

AIX

TYPOGRAPHIE REMONDET-AUBIN, SUR LE COURS, 53.

—

1872

LES SALLUVIENS

PISAVIS — LA TOULOUBRE

LE PLAN DU TERRITOIRE DE SALON

LE RÈGLEMENT D'ADMINISTRATION PUBLIQUE
DU 10 MARS 1856

A Monsieur le Préfet,

A Messieurs les Conseillers Généraux,

A Messieurs les Membres de la Commission départementale des Bouches-du-Rhône.

J'adresse aux autorités administratives supérieures du département des Bouches-du-Rhône une réclamation d'intérêt public départemental, pour laquelle j'ai demandé aide et assistance à l'archéologie et à l'histoire, qui la rendront plus digne d'éveiller l'attention et d'exciter la bienveillance du gouvernement, de l'administration et du public en général, et, surtout, des esprits généreux et éclairés qui consacrent encore un peu de leurs loisirs aux soins et au bien de la chose publique.

Il n'est que temps que ma réclamation soit écoutée, comprise et satisfaite ; car si l'on remonte à son origine,

28 janvier 1838, ou 12 février suivant, date de sa présentation au Pair de France ministre de l'intérieur à cette époque, 34 ans ont passé, pendant lesquels, soit par le défaut de décisions et de mesures utiles, soit par l'effet de décisions et de mesures nuisibles au succès désiré, la détresse de l'agriculture au territoire de Salon, quartier du Plan, appellant vainement le remède sauveur, est arrivée à sa limite extrême.

L'agriculture locale est, en effet, placée là en face de son inévitable mort ; et, dès à présent, il ne reste aux propriétaires ruraux que la cruelle ressource de l'abandon de leurs terres, s'ils veulent s'épargner la dépense, en pure perte, des travaux de cultures et des frais de semailles.

Peu de contrées du vieux sol gaulois, ou celtique, sont plus intéressantes et plus ignorées que le Plan de Salon.

SALL-AWON, en Celtique *demeure ou habitation des vallées ou torrents*, est le pays des Gaules que les voyageurs historiens Strabon, Pline, Ptolémée, Méla ont appelé, par la traduction du celtique en grec et en latin, *Salluvium*, d'où le nom de *Salluviens* donné aux habitants : *Sall-Awon*, en patois provençal *Saloun*, en vieux français *Sallon*, et en français actuel *Salon*, est le *Salluvium* de Strabon, de Pline, etc., etc., auxquels on peut adresser le reproche d'avoir confondu la nation Sallienne avec la peuplade Salluvienne, qui n'en était qu'un des nombreux éléments ; et de nous avoir enseigné que toute la nation était indifféremment appelée les SALLIENS ou les SALLUVIENS.

SALL-ÏLLÏ, en celtique *demeure ou habitation des*

marais, a donné aux SALLIENS leur nom général, et donné à la ville d'Aix (en patois provençal ZAÏ) son nom particulier, comme chef-lieu ou capitale de la nation Sallienne, jusqu'au Var, comprenant de nombreuses peuplades sous différents noms.

MASSALLIA, *Marseille*, n'a pas d'autre étymologie que sa fondation sur la terre sallienne, MAS-SALL-ÏLLÏ *(demeure chez les habitants des marais.)*

MARTIGUES prend son nom tout celtique MAR-TRIG. *(les trois mers)*, de sa position intermédiaire sur l'étang de Berre, l'étang de Caronte et le golfe de Foz; et il a dans son voisinage, le PORT-DE-BOUC, et la LÈQUE, noms de pure origine celtique accommodés à une orthographe, une prononciation et une signification qui ne sont pas les leurs.

FOZ doit être appelé de son nom celtique FOUS-MARÏLLÏ *(les passes des étangs à la mer)* et ne pas recevoir son nom des fossés du romain *Marius*, FOSSA MARÏI, qu'il faut abandonner aux discussions savantes anciennes et modernes, souvent ravivées et toujours persistantes.

PISAVIS, dont nous trouvons le nom et la situation dans les divers itinéraires de Rome dans les Gaules, et qui figure sur la carte de Peutinger, a subi chez les anciens, comme tant d'autres noms, une déviation d'orthographe de son nom celtique qui est PIL-AV-IS *(la basse colline de l'eau, ou l'eau basse de la colline)* au lieu de *Pisavis* qui ne signifie rien.

PIL-AV-IS était le chef-lieu des *Salluviens*, placé sur la rive gauche de la Touloubre actuelle, au milieu d'une vaste plaine de marais; de l'existence desquels le sol du plan de Salon porte témoignage, avec preuve à l'appui tirée des noms particuliers, d'origine celtique, portés aujourd'hui encore par les diverses localités de l'intérieur et des bords du lac.

Ainsi,

CORN-ILLI-ON (*le promontoire des marais*) le village de Cornillon.

CON-FOUS (*confluent ou passes des marais*) le château de Confous.

CONDO-LOUG (*la jonction, le confluent des lacs*), le pont, le chemin et le quartier de Coudouloux à Salon.

LIS *(marécage)* le château et quartier du Lis ou Lys à Cornillon.

PELL-ACH (*les têtes de rocher de l'eau*) le quartier des Pellenches.

BAR-AR-LOUG (*la barre de rocher du lac*), le domaine nommé Paraloup.

SALL-AN-ON-IS (*Basses demeures du bord de la rivière*) Salamoni à Salon. (1)

CAB-AR-AIG (*demeure près de, ou sur l'eau*), Cabardel à Pélissanne.

(1) Aussi nommé Salomoni ; comme depuis le 14me siècle, en réminiscence de la longue captivité d'Israël, on a nommé sous le Peuch (*le Fort*), torr-illi (*le rocher des marais*), la tour des juifs, entre les deux bas-fonds de Château-Redon et de Labori ; et Bab-illi-on (*la porte des marais de la rivière*, la gward-Rick), la Tour, *Torr*, de Babylone.

Il n'y a pas à considérer si *Salomoni* est devenu un nom d'homme, quand les lois eurent imposé les noms de famille.

BAR-ABHEIN (*le rocher de l'arrivée de l'eau*), La Barben.

WIE-LOUG (*le vieux lac*), Vieulgues ou Viougues à Salon.

MAO-ACH (*la grande eau*), la Maunaque.

URUR-RIAN (*le courant des eaux pluviales*), l'Urian à Salon.

ALLT-AV-GWARD (*le torrent des eaux hautes*), Tallagard.

AWAL-CUECH (*le torrent de la tête de colline*), la val de Cuech à Salon.

GWARD-RICK (*le torrent chef, roi*), la Garrigue à Salon.

BRO-TYR (*la terre du bord*), le quartier des Bro-quetiers.

Et enfin, à peu près au milieu du Plan, par le travers de l'est à l'ouest, la Touloubre, TOLL-DOBRHA, (*l'eau gonflante, débordante*).

Voilà Pil-av-is, au milieu du plan Salluvien, sur la rive gauche de la Touloubre, au centre d'une circonférence de cercle embrassant au nord Salon ; au couchant Grans et Cornillon ; au midi Lançon ; et au levant Pélissanne, dans un vaste bassin de lacs et de marais entouré de localités, encore existantes, dont les noms celtiques sont des définitions topographiques.

Pil-av-is, demeure des Celtes Salluviens, est au milieu ou sur les bords des marais, que les Gaulois anté-historiques recherchaient pour fixer leurs demeures, comme le prouvent les récentes et nombreuses découvertes des *habitations lacustres* en Suisse et ailleurs ; et pour se protéger et se défendre contre les attaques de leurs ennemis, hommes ou animaux sauvages.

L'histoire fabuleuse de la fondation de Marseille est connue.

Le Phocéen EUXÈNE, d'origine grecque, voyage sur mer pour la découverte de pays nouveaux : il arrive aux embouchures du Rhône, ROTH-DAN (*le Dieu impétueux*), latinisé en *us* par les Romains ; c'est par les grandes artères d'eau qu'on pénètre dans l'intérieur des terres qu'on veut connaître ; il amarre son navire à la hauteur de la peuplade d'AR-LAÉTH (Arles), et prend terre, ayant devant ses yeux, avec son étendue de 10 kilomètres, la grande plaine de la Crau (en celtique CRAEG, *pierres*), jonchée des projectiles-silex que Jupiter a fait pleuvoir pour servir à son fils HERCULE de munitions de guerre dans sa lutte héroïque avec le géant TAURUSC.

Que cette masse de cailloux innombrables, étendue sur 4 ou 5 couches ou strates, comme nous la voyons, ait été apportée par la plus extraordinaire des pluies, comme il convient au maître du tonnerre ; ou qu'elle ait été entraînée par la débâcle des glaces alpestres à l'époque de l'âge glaciaire de la terre, *Euxène* s'en est-il enquis ou préoccupé ? Il a préféré, en gardant le silence, laisser aux savants de tous les siècles la liberté de leurs investigations et de leurs systèmes. — Il ne s'arrête pas en plein désert où l'impétueux vent MAG-IS-TRAW (*massacreur de la plaine basse*), en patois provençal MAÏSTRAOU, en provençal francisé *mistral*, aurait bien pu l'enlever dans les airs ; et les yeux fixés sur les collines vers le soleil levant, il se dirige du côté de PIL-AV-IS et de ses frais ombrages aux bords de la Touloubre.

On l'y accueille avec la grâce celtique d'hôtes empressés ; il prend place au festin de la tribu ; et puis, GYPTIS paraît, la coupe à la main, et la lui présente pour être vidée en témoignage d'amour, et comme déclaration de la préférence qu'elle fait de lui pour son mari et maître.

Pourquoi d'autres ont-ils placé cette scène sur les rives de l'Huveaune, ou sous d'autres ombrages ? Où sont les preuves authentiques et la certitude historique ? Et s'ils ont accommodé cet événement à leur fantaisie, pourquoi ne ferais-je pas la mienne, qui n'est pas la moins raisonnable et la plus improbable ?

En effet, si EUXÈNE arrive à la tribu des SÉGOBRIGES c'est à PIL-AV-IS que les *Ségobriges* se trouvent, et nulle part ailleurs ; le lieu a été constamment nommé, même de nos jours, BRIGA (*la citadelle, le retranchement*) ou bien BRENN-MAS, (*la demeure capitale, royale*) ; les habitants *annexés* que nous nommerions aujourd'hui *suburbains*, s'appelaient en celtique SEGO ; et *Ségobriges*, comme à *Pil-av-is*, s'ils vivaient dans le voisinage des retranchements ; *Ségonnaux* (SEGO-ON), comme aux bords du Rhône, à Arles, s'ils vivaient dans le voisinage d'une rivière ou d'un fleuve.

L'aventure heureuse de Gyptis et d'Euxène sert, au besoin, à expliquer les relations d'affaires et d'amité entre Massalie et Pil-av-is ; celle-ci devenant une station du commerce Massaliote, sur deux routes, l'une au couchant, qu'un défoncement de terre à la profondeur de 40 à 50 centimètres met à découvert sur un long parcours, et dont le pont sur la Touloubre montre encore ses culées debout de droite et de gauche, en grosses pierres de taille ; ayant sa direction vers Saint-Martin de Crau, TURIAS, et enfermant la zone ou langue de la terre Sallienne concédée aux Massaliotes sur les bords de la Méditerranée. — L'autre au nord, dont on voit encore des traces et des vestiges, franchissant la Touloubre au pont de Saint-Jean de Brénas, prenant sa direction au pied des collines, vers CEN-AS (*l'encoignure de l'eau*), Sénas, et conservant aujourd'hui encore son nom de vieux-chemin de Pélissanne, PELL-IS-AN (*collines basses ou pied des collines*). — Puis, vers CAB-ILLÏ-ON (*demeure des marais de la rivière*), Cavaillon (1); et enfin, vers AWENI-ON (*le confluent, l'arrivée du fleuve*), Avignon ; d'où Massalie faisait rayonner son commerce dans le centre et le nord de la Gaule.

Aujourd'hui, dans le pays, le nom de PISAVIS ou PILAVIS est perdu et ignoré ; il n'y a plus sur le sol que quelques vestiges consistant en pierres éparses sans forme et sans signification ; mais la position a conservé le nom de BRIGA (*fortification, retranchement*); on rencontre dans le voisinage, le moulin de BRIG-AN (*les gens du fort*) et le vieux chemin des AN-BRIGAS; communément, les habitants dénomment ce quartier BRENN-MAS (*habitation du chef*), qu'ils prononcent Brénas; et à une chapelle, bâtie sur ce lieu, ils donnent rondement le nom de St-

---

(1) Les bergers de Salon se réfugient contre les intempéries dans des édifications en pierres sèches, en forme de ruche, appelées *Cabanes*; et les paysans s'abritent dans des contructions pareilles nommées *Cabots*.

Jean de Brénas (en celtique, CEN-AN- BRENN-MAS (*le coin ou le canton des gens de la demeure royale*), inventant par là un saint de leur façon qui n'a pas, sans doute, grande odeur de sainteté en cour Romaine.

C'est, au reste, par le même procédé que l'on a appelé du celtique CEN-ALLS-MAS (*coin ou angle des hautes demeures*), Saint-Chamas, dont le nom originaire est tiré de sa situation à l'angle de l'étang, au pied de la colline où s'élève le très ancien village de Miramas, l'antique MAESTROMELA !

Comment s'empêcher de regretter que l'État n'ait jamais accordé aux corps savants l'argent pour travailler sur le sol où furent PIL-AV-IS et SALL-AWON, BRIGA et BRENN-MAS, à des fouilles et recherches qui pourraient être fructueuses ?

Disons en deux mots ce que devinrent après la chute de Rome et les invasions barbares, les *Salluviens*, la *Touloubre*, le *Plan* et *Sallaoun*.

Tombées dans la conquête des Empereurs Germains, ces localités furent érigées et données en fief par l'empereur d'Allemagne, roi de Bourgogne, à la sainte église d'Arles, et à ses archevêques en la qualité de seigneurs hauts-justiciers, spirituels et temporels.

Pendant le temps de la féodalité jusques à la révolution de 89, Salon et son territoire, et le cours d'eau de la Touloubre furent régis et gouvernés par l'archevêque, prince-seigneur.

Le plus ancien instrument de l'autorité publique, existant dans le *livre blanc* des archives municipales de Salon, est le statut politique administratif, civil et pénal, du 8 des ides de mai 1293, dont l'autorité était conservée et appliquée au moyen d'une proclamation périodiquement renouvelée et publiée à son de trompe, dans les places, rues et carrefours de la commune, par l'ordre de l'archevêque seigneur.

Le régime de la Touloubre est institué dans le statut, en vue des intérêts respectifs des usines et de l'agriculture, dans les termes suivants :

« *Item* statuimus quod nullus de aquâ *Todobræ* possit
« adaquare nec in hieme nec in estate nisi tamen a ves-
« peris Sabbati usque ad diem Lunæ ad ortum solis; qui
« vero contrarium fecerit prædictam pænam solvere te-
« neatur.

« *Item* statuimus quod nemo faciat resclausam in
« valatis paludis nec *in Todobra* a molendino de Bræ-
« nassio usque ad pontem codolos, inferius vero qui-
« cumqne fecerit resclausam usque ad molendinum
« *dalcoloji* (1), postquam possessionem suam adaqua-
« verit, ipsam resclausam derivere teneatur ; et quicum-
« que hoc statutum fregerit det duos solidos sex dena-
« rios pænæ nomine quotiens fregerit. »

De plus, la Touloubre recevait, d'autorité du seigneur, un curage annuel pour maintenir son libre cours ; et ce curage, qu'une ordonnance du maire de Salon, approuvée

(1) Le nom du moulin, mal écrit dans le texte, ne peut être lu sûrement. Ce moulin, inférieur au pont Coudouloux, n'a laissé ni vestiges ni nom. L'écriture du statut ne permet pas de le connaitre ; *Alcoloji* ne signifie rien ; *Alicarii*, en latin, signifierait moulin d'épautre ; et *All-Conlii*, en celtique, l'affluent des marais au-dessus de la rivière, rive droite (les paluns de Milany).

par le Préfet des Bouches-du-Rhône, le **21** ventôse an 11, avait confirmé et faisait continuer et exécuter *secundum veterem normam*, était pratiqué en vertu d'un rôle des dépenses en travaux, divisées entre la commune, les propriétaires de la rive droite, et ceux de la rive gauche, par tiers.

La pratique périodique, plus ou moins régulière, du curage, permettait aux agriculteurs de cultiver la plaine, et assurait les revenus et profits des travaux annuels de culture.

Car la culture aurait été impraticable, sans l'écoulement normal de l'immense quantité ou masse d'eau que jettent dans le Plan le versant méridional des montagnes de la Trévaresse, depuis Venelles, Saint-Cannat, Rognes et Lambesc, jusqu'à Aurons et Vernègues, et le versant septentrional des montagnes d'Aix, Eguilles, Saint-Cannat, La Barben et Lançon, par des vallées profondes et larges de plusieurs kilomètres.

Mais l'incurie entraîna l'inaction ; et l'inaction engendra la désuétude. L'administration publique, au milieu des révolutions, abandonna la Touloubre à son sort, c'est-à-dire aux hasards et accidents de la nature.

Et alors, l'agriculture de cette localité fut perdue, la stagnation des eaux empêcha ou détruisit les cultures et les récoltes ; et il arriva, d'après le dire d'un des derniers fermiers décimateurs du seigneur Archevêque d'Arles, dont le bail avait été rompu par la révolution, qu'aux époques de 1820, 1830 et 1840, l'entière récolte de blé produite par le Plan de Salon était réduite au point de représenter à peine la quantité de grains perçue, à titre de dîme, avant 1789.

Ce fait énorme constate suffisamment que l'agriculture au Plan de Salon était tombée au dernier degré de détresse.

Le gouvernement essaya de la secourir à la suite de la réclamation élevée au nom des intérêts locaux en 1838 ; et, le 10 mars 1856 (après dix-huit ans), fut édicté un règlement d'administration publique.

Celui-ci, pour parler comme Boileau (comment mieux faire) ?

Changeant tout, brouillant tout, fit un art à sa mode.

Mais, me dit-on, prenez garde : vous traitez avec une légèreté déplacée un ouvrage, fruit de la science d'un grand maître, l'auteur du pont de Roquefavour, un chef-d'œuvre.

Mon Dieu ! Personne ne connaît et ne pratique plus que moi la déférence respectueuse due au talent ; mais Homère a fait aussi des chefs-d'œuvre, et dormait quelquefois avec gloire ; pourquoi M. de Montricher n'aurait-il pas sommeillé quelquefois avec honneur ?

Et puis, à notre époque des *faiseurs d'affaires*, on n'ignore pas que telles et telles œuvres des sciences et des beaux-arts, des belles-lettres et de l'industrie, des administrations et des écoles n'ont d'autre mérite que la signature du maître qui, pour sa collaboration à l'ouvrage dont le commis, l'élève ou le secrétaire est l'auteur, n'a fourni que la couverture et l'autorité de son nom.

Ce règlement, qui ne règle rien pour la fertilisation du Plan Salonais, qui se garde d'indiquer et de prescrire les travaux nécessaires, a eu pour effet que tout reste à faire de ce qu'il fallait faire, et que tout ce qu'il ne fallait pas faire a été fait.

L'intention du règlement était de rétablir dans les terres du Plan la fertilité qu'elles ont perdue, et d'atteindre ce but, par la recherche, la désignation et l'application des moyens, qui sont les travaux indiqués par la science.

L'infertilité est un effet : point d'effet sans cause ; quelle est ici la cause ?

La réponse étant donnée, le moyen de détruire la cause sera recherché et sans doute trouvé : *Sublatâ causâ, tollitur effectus !* Le but sera atteint.

La cause de l'infertilité du Plan est : 1° l'eau stagnante dans le sous-sol ; 2° et l'eau vive répandue et flottant sur la surface.

Nous savons la cause du mal ; nous pouvons facilement trouver le remède.

Dressons la carte hydrographique du Plan Salonais.

Le terrain est une plaine unie, formant à peu près un carré long, dont la plus grande étendue est du nord au sud-sud-ouest.

La pente naturelle existant dans cette direction, commence par O aux pieds des rochers de *Lurian* et des *Bas-Viouques*, du côté nord, et se termine sous Cornillon, au sud-ouest, à 33 mètres (peut-être davantage) en contre-bas, sur un plan incliné uniformément, long d'environ 5 kilomètres ; et, à ce point, la pente descend plus prononcée vers l'étang de Saint-Chamas.

Le proverbe dit : *On tombe toujours par où l'on penche*. Les eaux du Plan de Salon, qui penchent de 30 mètres, peut-être de 40, vers Cornillon, et de 50 mètres vers l'étang de Saint-Chamas, tomberont donc de ce côté : les liquides n'en font pas d'autres !

Rien n'est plus facile que d'ouvrir aux eaux stagnantes au sous-sol ou flottantes à la surface du Plan, un écoulement rapide, régulier et constant, et j'ajoute peu dispendieux ; parce que les travaux se borneront à des mouvements d'une terre meuble et profonde, sans le concours des travaux d'art qui sont ici parfaitement inutiles.

La nature nous donne l'écoulement de nos eaux ; mais la nature n'agit pas seule, elle réclame et exige la main et le travail de l'homme : *Aide-toi, le Ciel t'aidera......* le travail, que, comme principe de moralisation, Dieu lui-même a imposé à la société humaine, en le sanctifiant à l'égal de la prière, *qui laborat, orat !*

Que fera, dans notre cas, l'industrie humaine s'aidant elle-même, et aidant la nature ?

M. DE MONTRICHER ne le dit pas dans son règlement, mais l'ingénieur VAN-ENS l'a écrit dans les roubines et les vigueirats des marais de Tarascon, de Montmajour et d'Arles ; et c'est par ces ouvrages, fruit de sa science

(1) Voyez l'appendice ajouté par le docte avocat Estrangin, d'Arles, au tome 2, page 490 *de Dubreuil, Législation sur les eaux*, édition Aubin, imp. lib. à Aix, 1843.

et de son industrie, que VAN-ENS répond à notre question ?

Il faut pour la fertilité du Plan de Salon : 1° créer, supérieurement à la rive droite de la Touloubre, un système de rigoles ou petites roubines suffisantes, intelligemment placées, pour recueillir toutes les eaux, et les rabaisser à la profondeur de 1 mètre, 1 mètre 50 centimètres ; relier ce système de vidanges secondaires avec deux ou trois grands collecteurs, ou vigueirats, conduits sous la cuvette de la Touloubre et prolongés sur la rive gauche par des *souterazzi* ou *syphons renversés* donnant à l'écoulement des eaux supérieures un large et commode échappement ;

2° Créer, inférieurement à la rive gauche de la Touloubre, un système semblable de petites *vuidanges* et de larges *rigueirats*, jusques à la coupure ou *crotte* du Lys, vers l'étang de Saint-Chamas.

Ici, par exemple, l'œuvre consistera, en grande partie, à faire du *vieux-neuf*, avec les restes des travaux du temps féodal, remontant aux dixième, onzième et douzième siècles, qui sont : 1° la grande roubine de Saint-Georges, au territoire de Cornillon, destinée à recevoir et à conduire la masse des eaux ; 2° l'aqueduc voûté *(la croto)* du Lys, au même territoire, au point le plus bas du Plan, servant de porte ou d'ouverture à la masse générale des eaux, et la précipitant dans l'étang.

En vérité, ils étaient moins barbares et plus travailleurs qu'on nous les représente, nos bons aïeux !

Il existe là, encore, un ancien système de roubines ou petites vidanges, délaissées, effondrées, comblées, qu'il faudra remettre en état, et qui, bien coordonnées entre elles, se reliant au réseau général composé avec les petites roubines du système nouveau, formeront un ensemble d'écoulement venant tomber dans deux ou trois grands vigueirats, ou grandes roubines, comme celle de Saint-Georges, et allant, par la *crotte* du Lys, aggrandie et approfondie s'il le faut, mêler et confondre toutes les eaux marécageuses avec les eaux de l'étang!

Et cependant, la réalisation du drainage du Plan ne sera pas encore complète ; il reste à faire un travail de première nécessité et d'importance capitale.

Par l'effet des lois constantes du roulement des eaux dans les ruisseaux, torrents, rivières et fleuves, le plafond du lit ou de la cuvette s'élève toujours et parvient à dominer, par sa hauteur, non-seulement les fonds de terre des bords, mais les maisons de campagne, et même de villes voisines.

La Touloubre subit ces lois, et s'y est conformée ; le plafond ou lit de sa cuvette a reçu l'exhaussement très sensible de 1 mètre 50 à 2 mètres.

Il est résulté de là que le fossé ou *canal des moulins*, coulant latéralement sur la rive gauche, ayant son embouchure ou son confluent dans la Touloubre, sur le territoire de Salon, ne peut plus, à cause de la différence de niveau entre les deux lits, déboucher et prendre place dans le grand lit commun, dont la hauteur la repousse ; et qu'il regonfle sur lui-même à plusieurs centaines de mètres en amont de son cours, inondant les terres de droite et de gauche.

Il faut donc que le fossé ou canal du moulin soit allongé,

dans son cours latéral à la Touloubre, d'un kilomètre, si c'est nécessaire ; et, tout au moins, jusqu'à l'endroit où la pente respective des deux cours d'eau se raccordant, le canal du moulin pourra reprendre son embouchure et son confluent dans la rivière, d'une manière facile, régulière, complète, pour toujours, ou pour longtemps. Et il faut édicter que les frais et travaux de ce prolongement fait pour l'avantage des seuls usiniers, au bénéfice du statut de 1293, seront à la charge exclusive de ces usiniers, conformément à cet axiome de droit, de justice et de raison : *Ubi beneficium, ibi onus..*

Après l'accomplissement de ces divers travaux de préservation, de conservation et d'amélioration, on verra le Plan Salonais, réduit en ce moment à la détresse et en proie à la dernière misère, reprendre le rang que la nature lui assigne dans l'agriculture par la profondeur du sol, la richesse de l'humus et les vivifiantes influences d'une atmosphère privilégiée ; et concourir, pour la première place, avec ses émules les Plans de Cavaillon, de Gardanne et de Saint-Maximin, qui sont l'honneur et le triomphe de l'agriculture dans Vaucluse, les Bouches-du-Rhône et le Var.

Et si, à cette époque solennelle, l'esprit d'ADAM DE CRAPONNE, au nom de qui tout front salonais s'incline, descend dans les assemblées générales de l'Œuvre, pour inspirer à ses membres la pensée d'un projet que le génie du maître avait formé, les eaux de Craponne, perdues sans profit et sans utilité dans le Plan, augmentées d'un emprunt nouveau fait à la Durance, porteront l'irrigation sur l'un et l'autre bords de la Touloubre ; donnant à l'agriculture, dans la vaste plaine, son complément de richesse; et à la caisse de l'Œuvre, par des cotisations nouvelles d'arrosage, un supplément de finances dont elle éprouve, peut-être, le besoin, sans apercevoir et apprécier l'occasion de se le procurer.

Alors aussi, le moment serait venu de sortir du réduit où elle gît, couchée sans honneur sur le sol, dans l'Hôtel-de-Ville de Salon, la pierre milliaire romaine, *monument historique*, trouvée à PILATIS; et de l'ériger, au milieu du Plan Salluvien, sur un piédestal, avec cette inscription commémorative : — *Ici, avant 1873, régnait en souveraine l'abomination de la désolation de l'agriculture.*

Prenez garde, dira-t-on, que votre régime des eaux du Plan Salonais peut ébranler dans sa base le statut seigneurial des ides de mai 1293; et que les moulins inférieurs de Grans et de Saint-Chamas ne seront pas d'humeur à laisser entreprendre sur le privilége des eaux que le statut leur octroie.

Mon régime nouveau, répondrai-je, n'a rien à craindre des plaintes, des reproches, ou des attaques des usiniers de la Touloubre.

En fait, ce régime a pour but de débarrasser les alentours de la Touloubre des eaux *stagnantes* dans le sous-sol et sur la surface des terres. Les eaux stagnantes, qui restent en place et ne s'incorporent pas à la rivière, doivent, par leur nature, être considérées comme n'étant pas partie intégrante du cours d'eau; elles ne sont utiles à rien, sont nuisibles à tout, et de l'espèce des choses *res nullius*.

En droit, les choses *res nullius* n'appartenant à personne, ne sont le sujet d'aucune attribution d'un droit particulier, soit par une loi, soit par un statut seigneurial, fût-il de 1293.

Et en fait et en droit, courte réponse à Messieurs les usiniers :

Si les eaux *stagnantes*, dont je veux me débarrasser, vous appartiennent à titre de servitude ou autrement, venez donc les prendre, et m'en délivrer !... Mon droit de débiteur de la servitude est défini par la loi en ces mots : *Pati et non facere ;* et votre devoir de créancier de la servitude est de faire, à vos frais, les travaux nécessaires pour vous en servir ; et de ne jamais me nuire, à peine de dommages-intérêts.

Donc, je peux vous contraindre à venir prendre chez moi et à conduire chez vous mes eaux stagnantes, si vous y avez un droit de servitude : — En outre, vous devez me payer des dommages-intérêts successifs pour le passé, le présent et l'avenir.

Nous entendons-nous ainsi ? Je renonce au règlement, dont je n'ai plus besoin, dans ce cas ; et je prends l'exercice de mon initiative particulière contre vous pour vous contraindre à retirer vos eaux de mon fond, et à me payer l'indemnité des dommages.

Ne l'entendez-vous pas ainsi ? Alors, renoncez à votre droit aux eaux ! Vous êtes trop justes et trop généreux pour présumer que le droit de faire vos farines avec mes eaux, implique le droit pour vous de m'y noyer.

C'est faute d'avoir posé et compris la question dans ces termes généraux, que le règlement de 1836 a commis un contre-sens, en ne ··· ··upant que des eaux et du lit de la Touloubre ; et c'est sous l'influence de ce contre-sens que le syndicat de l'association a fait fausse route dès les premiers pas, et a continué de marcher et de vivre dans l'erreur. Contre-sens et erreur qui, malheureusement, se soldent par une quarantaine de mille francs de cotisations frappées sur la bourse des associés, sans le moindre avantage.

Il fallait *creuser* jusques à la profondeur normale le plafond du lit de la Touloubre, en contre-bas du terrain le long de ses bords, pour amener au sein de la rivière, l'écoulement des eaux extravasées : il ne fallait pas *élargir* la cuvette et écarter les rives, sans s'apercevoir qu'en vertu de la loi naturelle de l'élévation successive du plafond des cours d'eau, on laissait subsister ou on créait un barrage, *vrai refoulement* contre l'écoulement des infiltrations, haut de toute la hauteur acquise par le lit de la Touloubre au-dessus des terres voisines ; or, on n'a point approfondi, et on a beaucoup élargi ; et par le renversement des principes qui sont les lois de l'écoulement des liquides, on a fait la ruine complète à la place de la restauration désirée.

Malheureux syndicat, arrêtez !.... Quand vous portez vos coups de pelle et de bêche dans la Touloubre, *vous déchirez le sein de votre mère*. La Touloubre est la créatrice du Plan Salonais, comme le Nil *(si parva licet componere magnis)* est le créateur de la terre Égyptienne. C'est la Touloubre qui, depuis les siècles les plus reculés, arrache à la plaine de Venelles et de Puyricard, et au flanc des vallées de la Trévaresse et de Saint-Cannat, le précieux limon qu'elle vient étendre paisiblement sur nos terres du Plan, pour les composer avec les détritus de la végétation des marais.

Laissez à la Touloubre sa vie ordinaire, douce, tranquille et modeste, dans son lit restreint, qui est suffisant pour conduire, parmi les joncs et les roseaux, vers les usines inférieures, l'eau qu'il porte en temps normal, et même pendant les pluies ordinaires de notre climat. N'élargissez pas sa cuvette, que vous agrandiriez dix fois davantage sans lui donner la dixième part de la largeur qui lui serait nécessaire, lorsque, par le BAR-ABHEIN *(La Barben)*, et par d'autres torrents, arrivent les grandes eaux de Puyricard, de Trévaresse, de Saint-Cannat, de Lambesc, d'Aurons et du Vernègues.

Et si l'inondation se déclare, bénissez sa venue : elle sera un bienfait de fertilisation et de richesse pour le sol. L'eau impétueuse du torrent est dévastatrice et destructrice ; il faut l'arrêter ou l'éviter quand on peut ; mais l'inondation paisible et lente de la rivière, sur les vastes surfaces, est créatrice et réparatrice : il faut l'appeler par des vœux ardents ; surtout, si un système intelligent de drainage, au moyen de suffisantes roubines, lui donne l'écoulement, après qu'elle a eu le temps de déposer sur la surface du terrain l'humus qu'elle tient en suspension dans son eau tranquille et uniformément répandue.

Un coup-d'œil sur les lieux explique à tous que la Touloubre, avant d'être contrainte, par la main de l'homme, dans le lit restreint qui lui a été imposé de *l'est à l'ouest*, coulait indépendante et libre dans les marais, protégeant, par la ceinture de son eau, PIL-AVIS, — BRIGA, — BREN-

MAS ; et faisant, à son loisir, le colmatage du lac qui, à la suite des siècles, a produit la Plaine Salonaise ; et que c'est le lit artificiel *d'est à ouest,* coupant en travers la pente naturelle des eaux *du nord au sud,* contrariée par le défaut d'approfondissement de la cuvette, qui nous impose la nécessité de construire des *soutcrazzi* ou *syphons renversés* pour l'assainissement des terres inondées.

Etat, Gouvernement, Administration départementale, à notre secours !

Faites tomber sur le Plan de Salon quelques miettes du budget.

En appelant l'agriculture une des mamelles de l'Etat, SULLY nous a enseigné que l'Etat ne doit pas vider sans cesse et épuiser cette mamelle ; et doit, au contraire, entretenir avec soin la richesse et l'abondance de ses sucs nourriciers.

POLYTHECNICIENS des Ponts et Chaussées, à l'œuvre !

Le sujet est digne de votre science ; et là où il y a du bien à faire, il y a de l'honneur à acquérir.

Je résume, en la concentrant dans quatre vœux, ma réclamation annoncée dans les premières lignes qui précèdent ; et je demande pour ses longues et nombreuses digressions un pardon qu'on pourrait bien me refuser.

Ces quatre vœux sont :

Que le règlement d'administration publique, du 10 mars 1856, soit révoqué, parce qu'il est une déception ;

Que l'association pour le curage de la Touloubre soit abolie, parce qu'elle est un contre-sens ;

Qu'il soit créé, avec les conditions, les droits, les devoirs et la destination indiqués ci-dessus, une association sur le modèle de celles d'Arles et de sa banlieue, qui prendra et méritera de porter le nom *d'association générale des vidanges du Plan de Salon et des communes limitrophes ;*

Et que cette création ne se fasse pas longtemps attendre ; car déjà le Plan n'existe plus pour la culture : *Troja fuit !*

Je m'arrête : la lutte commencée en 1838 dure trop longtemps ; l'âge refroidit mon ardeur ; la maladie affaiblit mes forces. Ma réclamation actuelle est le paiement d'une dette de souvenir et d'affection envers mes compatriotes anciens et modernes, Salluviens-Salonais, dont je m'acquitte avec plaisir.

Si, comme tant d'autres fois, c'est inutilement que j'élève la voix vers le Gouvernement et l'Administration publique, je me reconnais complétement battu, sans aspirer à une revanche ; et vaincu définitivement, je m'enferme dans un silence absolu, en tenant les yeux fixés, pour fortifier ma résignation, sur ce vers adressé, par le poëte Romain, aux vaincus :

Una salus victis, nullam sperare salutem.

Agréez, Messieurs, mes sentiments de considération distinguée.

Jacques DAUPHIN,

Avocat ; ancien Avoué à Aix,
Propriétaire au Plan de Salon.

1er septembre 1872.